Dieses Buch gehört:

. . . .

Margret Rettich

Malen und Zeichnen
-ganz leicht

gondolino

ISBN 978-3-8112-3309-6
© für diese Ausgabe: gondolino GmbH, Bindlach 2013
Printed in Poland
5 4 3 2 1

Der Umwelt zuliebe gedruckt auf chlorfrei gebleichtem Papier.

www.gondolino.de

ZEICHNEN

MACHT SPASS

Einfach mal anfangen

Zeichnen macht sehr großen Spaß,
alle Leute wissen das!
Weil es jeder lernen kann,
fangen wir hier einfach an.

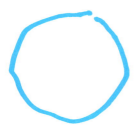

Zieh zuerst mal einen Strich,
denn das kannst du sicherlich.

Und du kannst auch, wie ich weiß,
einen kugelrunden Kreis.

Aus dem Kreis, du siehst es schon,
wird ein dicker Luftballon,
der sich in den Himmel hebt
und ganz hoch nach oben schwebt.

Strich und Kreis sind, bitte sehr,
nun die Sonne und das Meer,

wo die Sonne, es ist spät,
grad am Himmel untergeht.

Doch dein Meer ist spiegelglatt,
weil es keine Wellen hat.
Darum male schnell einmal
Wellenberg und Wellental.

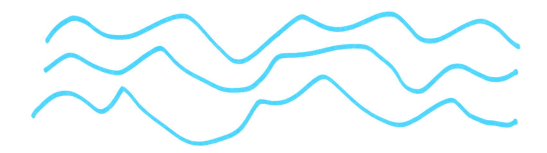

Geht die Sonne morgens auf,
sind zwei kleine Punkte drauf.
Oben Haare drangemacht,
und das Kind ist aufgewacht.

Leider ist das Kind nicht satt,
weil es nichts zu essen hat,
denn sein Teller ist ganz leer.

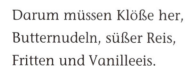

Darum müssen Klöße her,
Butternudeln, süßer Reis,
Fritten und Vanilleeis.

Auch der Löffel für den Brei
liegt mit einem Mal dabei.

Was das für ein Kind denn ist?
Weißt du nicht, dass du das bist?

Augen auf, und Augen zu,
lachen, weinen, das bist du!
Auch zwei Ohren sind sehr wichtig,
und mit Haaren bist du richtig.

Hast du einen glatten Schopf?
Oder einen Lockenkopf?

Nun musst du die Köpfe drehn,
und auf einmal kannst du sehn
eine Wolke. Daraus fällt
Regen runter auf die Welt.

Bringt die Wolke sehr viel Regen,
hilft nur noch ein Schirm dagegen.

Einen halben Kreis gemacht,
Striche drunter angebracht.
Nun wirst du bestimmt nicht nass,
und der Regen macht dir Spaß.

Wolken zeichnen ist nicht schwer,
aber du kannst noch viel mehr:
Striche dran, du glaubst es kaum,
schon steht da ein Apfelbaum.

Noch sind keine Äpfel dran,
was man sehr schnell ändern kann.

Äpfel sind meist kugelrund,
außerdem noch sehr gesund.

Birnen auch, doch Gott sei Dank
sind sie obenhin recht schlank.

Sind die Früchte aufgeschnitten,
siehst du Kerne in der Mitten.

Die Zitrone ist sehr schön,
innen ist ein Stern zu sehn.

Ein Träubchen ist nicht gern allein,
es möchte bei der Traube sein.

Warum ist die Banane krumm?
Sonst wär's ja eine Gurke – drum.

Und nun zeichne dir zum Spaß
eine große Ananas.

Willst du nun die Äpfel pflücken,
und du magst dich gar nicht bücken,
mal dir einfach eine Leiter –
immer höher, immer weiter.

Dass die Äpfel nicht vergammeln,
kannst du sie in Körbe sammeln.

Volle Körbe sind sehr schwer,
drum muss eine Karre her.
Schieb die Äpfel drin nach Haus,
und koch Apfelmus daraus.

In der Stadt

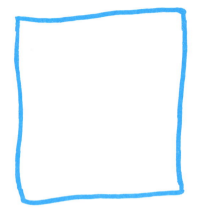

Zieh den Strich nun um vier Ecken.
Und was kannst du jetzt entdecken?

Immer wird ein Viereck draus.
Aus dem Viereck wird ein Haus.

Möchtest du ein spitzes Dach?
Oder ist es lieber flach?

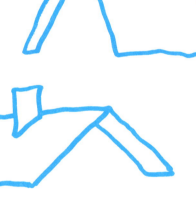

Dort, wo die Kamine stehn,
ist oft auch ein Turm zu sehn.

Viele Fenster müssen sein,
denn da kommt das Licht hinein.
Breit und hoch, schmal oder klein?

Und die Haustür ist sehr wichtig,
damit ist das Haus erst richtig.

Und schon hast du dich getraut
und hast dir ein Haus gebaut,
wo bereits die Wände stehn.

Jetzt ist auch das Dach zu sehn.
Du wirst noch die Ziegel brauchen,
und dann muss der Schornstein rauchen.

20

Zeichne weiter – schon sind hier
ein paar Fenster und die Tür.

Fehlt noch was? Du musst mal schaun.
Ja, es fehlt der Gartenzaun
und dein Name an der Tür,
dass man weiß: Wer wohnt denn hier.

In den Häusern gibt es immer
viele Räume, viele Zimmer.

Fang oben mit der Platte an,
stell unten die vier Beine dran.

Schon steht der Tisch. Nur ist es schön,
wenn auf dem Tisch auch Blumen stehn.

Um den Tisch mit vielen Stühlen
ein Sessel, um sich wohl zu fühlen.

Am Abend
braucht man Licht, darum
steht auch noch
eine Lampe rum.

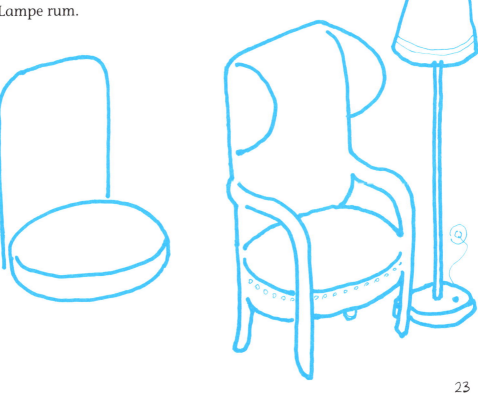

Schnupperst du nun Wohlgerüche,
dann bist du in einer Küche.

Am Herd, den jeder zeichnen kann,
sind vorne ein paar Knöpfe dran.

Manche alten Herde hatten
obendrauf vier runde Platten.
Neue Herde, Gott sei Dank,
sind obendrauf ganz einfach blank.

Töpfe, Kessel oder Pfannen,
Teller, Tassen, Kaffeekannen,
Löffel, Gabeln oder Messer –
und was noch? Du weißt es besser.

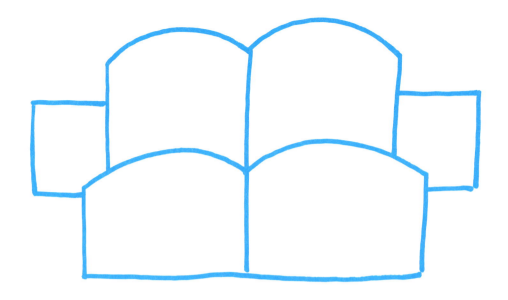

Zum Träumen und zum Schlafengehn
ist es in diesem Zimmer schön,
weil hier die weichen Betten stehn.

In der Wohnung irgendwo
gibt es immer auch ein Klo.

Fange mit der Brille an,
stelle dann das Becken dran,

und daneben hänge hier
eine Rolle Klopapier.

In der Stadt ist es oft laut,
denn dort wird sehr viel gebaut.
Wo gebaut wird, steht ein Kran,
der sich rundrum drehen kann.

Mal dir erst mal eine Leiter.

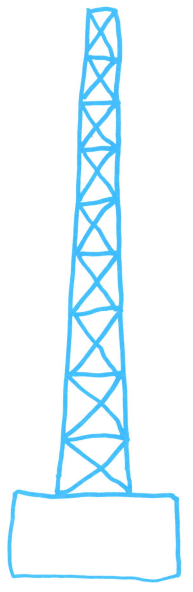

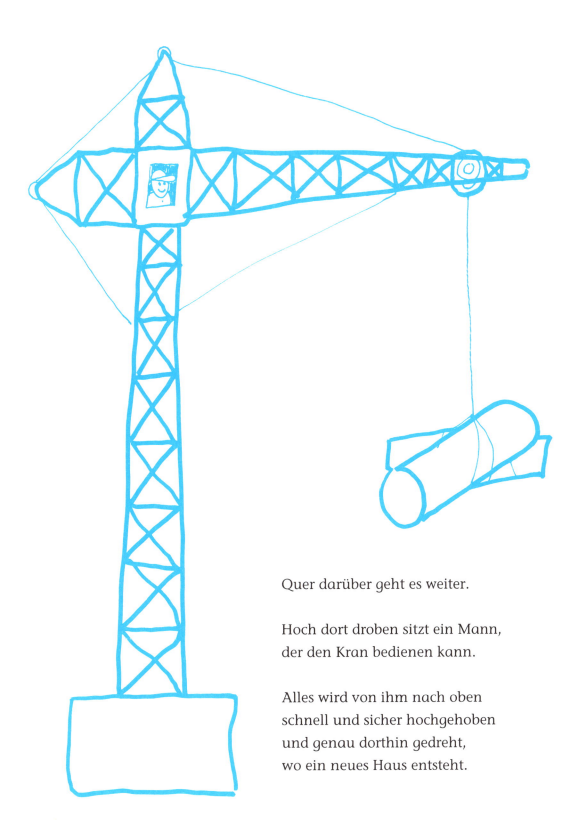

Quer darüber geht es weiter.

Hoch dort droben sitzt ein Mann,
der den Kran bedienen kann.

Alles wird von ihm nach oben
schnell und sicher hochgehoben
und genau dorthin gedreht,
wo ein neues Haus entsteht.

Viele Häuser – und man hat
plötzlich eine ganze Stadt.

Fahrzeuge aller Art

Dort braust jetzt ein Bus heran,

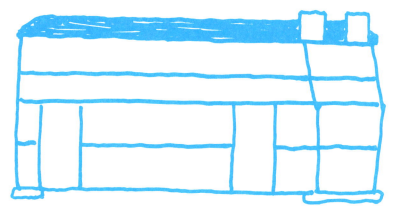

den man sehr leicht zeichnen kann.

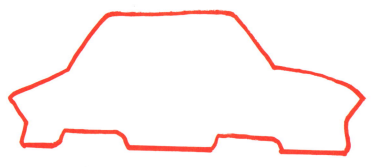

Und wer kommt hier angeflitzt?
Rat mal, wer am Lenkrad sitzt.

Das bist du! Nun zeichne schnell
dein besonderes Modell.

Von vier Rädern, die sich drehen,
sind nur immer zwei zu sehen.

Vorn und hinten brauchst du Licht,
und vergiss das Lenkrad nicht.

Wie soll denn dein Auto sein?
Groß und protzig? Nett und klein?
Das entscheidest du allein.

Du willst nun ein Flugzeug lenken?
Da ist manches zu bedenken.

Erst ein Hering ohne Schwanz.

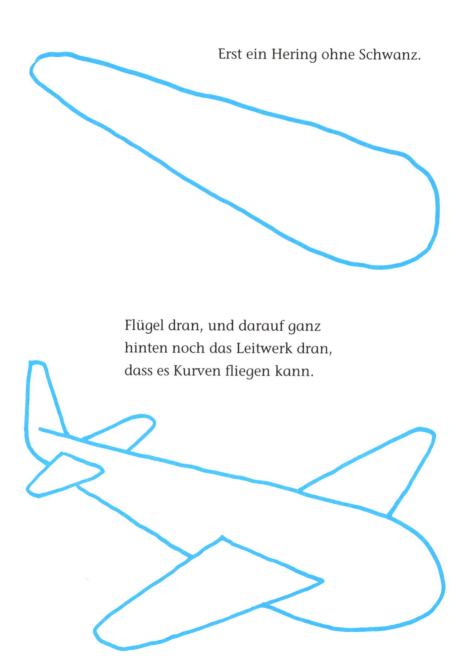

Flügel dran, und darauf ganz
hinten noch das Leitwerk dran,
dass es Kurven fliegen kann.

Die Turbinen sind sehr wichtig,
denn nur damit fliegt es richtig.

So, du brauchst nicht mehr zu warten,
und du kannst dein Flugzeug starten.

Halt! Das Fahrgestell zuletzt,
wenn es auf die Rollbahn setzt!

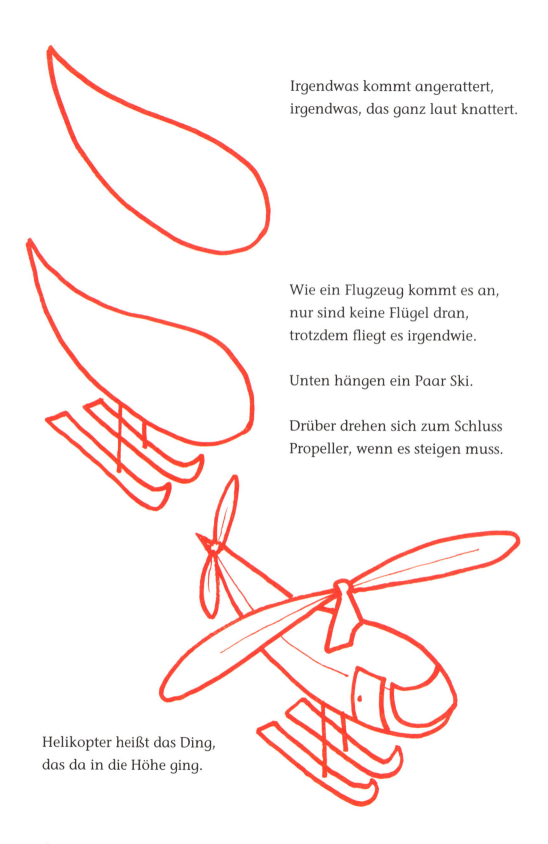

Irgendwas kommt angerattert,
irgendwas, das ganz laut knattert.

Wie ein Flugzeug kommt es an,
nur sind keine Flügel dran,
trotzdem fliegt es irgendwie.

Unten hängen ein Paar Ski.

Drüber drehen sich zum Schluss
Propeller, wenn es steigen muss.

Helikopter heißt das Ding,
das da in die Höhe ging.

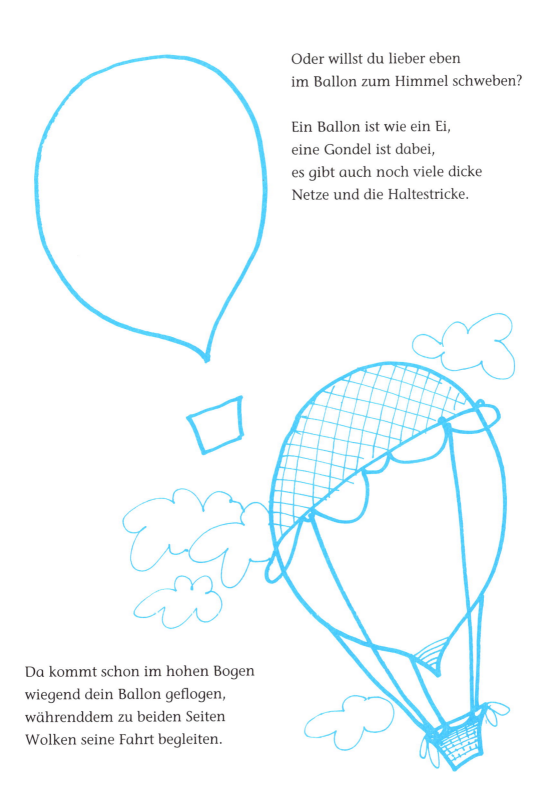

Oder willst du lieber eben
im Ballon zum Himmel schweben?

Ein Ballon ist wie ein Ei,
eine Gondel ist dabei,
es gibt auch noch viele dicke
Netze und die Haltestricke.

Da kommt schon im hohen Bogen
wiegend dein Ballon geflogen,
währenddem zu beiden Seiten
Wolken seine Fahrt begleiten.

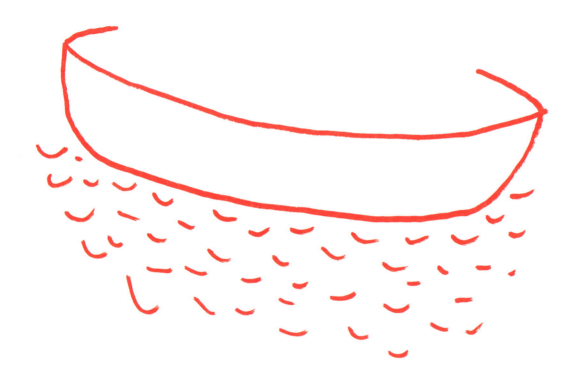

Manchmal kommt ein Schiff daher,
dampft vom Fluss hinaus ins Meer.

Jeder, der es sieht, will gerne
mitfahrn in die weite Ferne.

39

Alles fertig? Auf zum Start
in die große Ferienfahrt!

Sicher gibt es irgendwo
in der Nähe einen Zoo.
Viele Tiere leben da
aus Asien und aus Afrika.

Lauter Tiere aus dem Zoo

Hier ist ein Ballon zu sehn,
unter dem vier Eimer stehn.

Scheuerlappen sind da auch,
und dazu ein Wasserschlauch.

Allen Kindern wohlbekannt
ist der große Elefant.

Lange Beine jedenfalls
und dazu ein langer Hals,
um die Blätter von den Bäumen
ganz hoch oben abzuräumen.

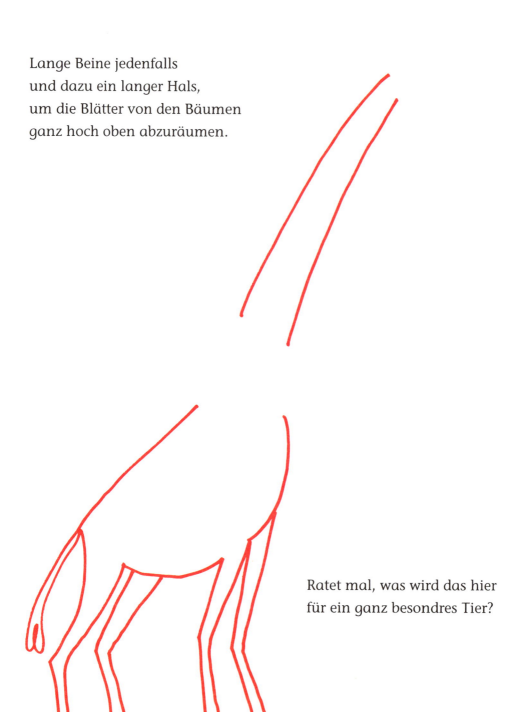

Ratet mal, was wird das hier
für ein ganz besondres Tier?

Nun noch Punkte, und ihr wisst,
dass es die Giraffe ist.

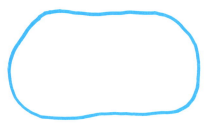

Welches Tier willst du versuchen
mit dem flachen Eierkuchen?

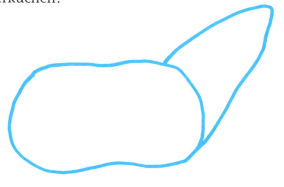

Hals und Kopf und Beine dran,
rat mal, was das werden kann.

Mit der Mähne fällt dir ein:
Könnte es ein Pony sein?

Doch mit Streifen wird geschwind
nun daraus ein Zebrakind.

Aufgepasst! Es braucht viel Mut,
zu viel Leichtsinn tut nicht gut,
wer sich in die Nähe traut.

Am langen Leib mit rauer Haut
sind ziemlich kurze Beine dran,
mit denen es gut schwimmen kann.

Meist liegt es da und ist nur faul,
gähnt mit dem riesengroßen Maul.

Doch wenn es will, wird es mobil:
Es ist das freche Krokodil.

Leicht zu zeichnen ist die lange
kerzengrade Klapperschlange,

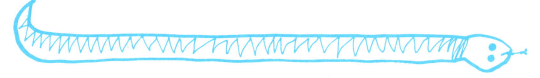

die sich manchmal aber kringelt
und zu einer Schnecke ringelt.

Dann gib Acht, und pass gut auf:
Wo fängt sie an, wo hört sie auf?

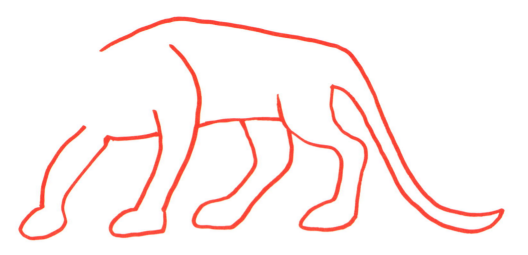

Alle großen Raubtierkatzen
schleichen rum auf weichen Tatzen.

Bauch und Rücken sind ganz schlank,
und ihr Schwanz ist ziemlich lang.

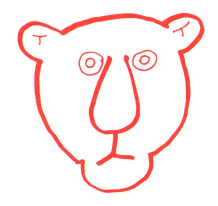

Haben helle scharfe Augen,
die zum Sehn im Dunkeln taugen.

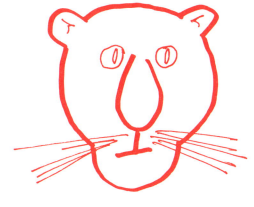

Raubtierfrau und Raubtiermann,
immer ist ein Schnurrbart dran.

Wenn sie müde sind und gähnen,
kriegt man Angst vor ihren Zähnen.

Raubtierkatzen haben Namen.
Dies hier sind zwei Löwendamen.

Ist aber 'ne Mähne dran,
dann ist es ein Löwenmann.

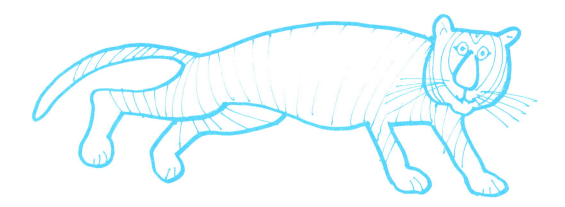

Hat das Fell sehr viele Streifen,
das ist einfach zu begreifen,
und es fällt dir auch gleich ein,
kann es nur ein Tiger sein.

Doch ein Fell ganz andrer Art
hat der schlanke Leopard.
Darum male ihm jetzt schnell
lauter Tupfen in das Fell.

Hast du einen hohen Bogen
vom Kopf hin bis zum Schwanz gezogen,

setz starke Hinterbeine dran,
damit dein Tier auch springen kann.

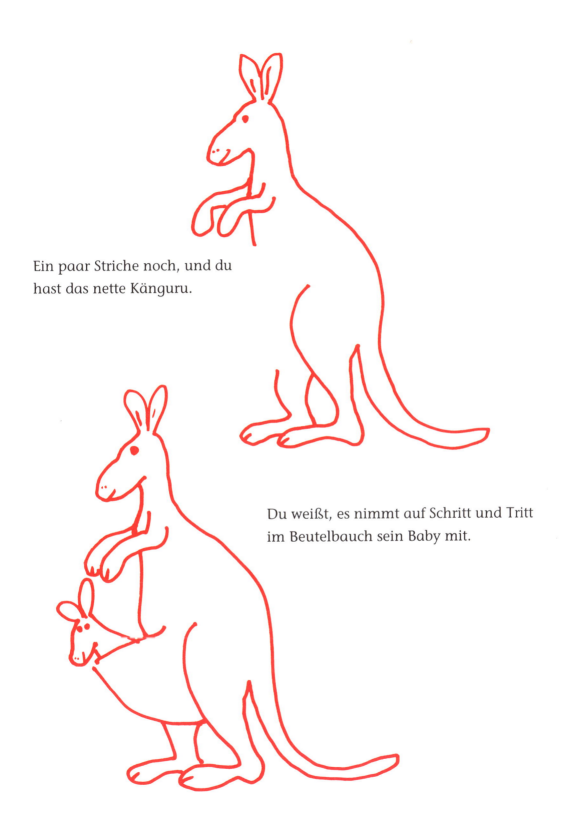

Ein paar Striche noch, und du
hast das nette Känguru.

Du weißt, es nimmt auf Schritt und Tritt
im Beutelbauch sein Baby mit.

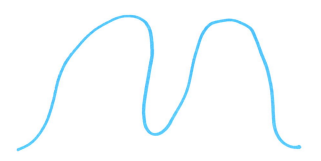

Mit zwei Höckern malst du dir
ein berühmtes Trampeltier.
Das trampelt durch den Wüstensand,
und es wird Kamel genannt.

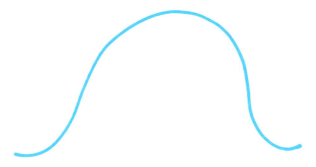

Wenn dies Tier jedoch anstatt
zwei nur einen Höcker hat,
ist es, und das ist ganz klar,
natürlich jetzt ein Dromedar.

Keine Bange, gar nicht schwer
zu zeichnen ist der Zottelbär.

Erst der Kopf, und der ist rund.
Dran die lange Nase und
dicker Rücken, dicker Bauch.

Dicke Beine hat er auch,
dick ist auch sein Bärenfell.

Das Bild vom Bären geht ganz schnell!

Ist das Bärenfell ganz weiß,
lebt der Zottelbär im Eis,
weil er dann ein Eisbär ist,
der gern frische Fische frisst.

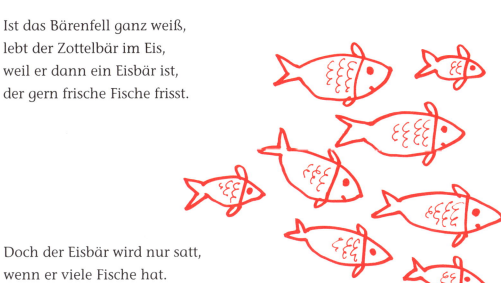

Doch der Eisbär wird nur satt,
wenn er viele Fische hat.

Fische gibt's in allen Arten,
aber erst mal musst du starten.

Einfach unten einen Bogen,

einen Bogen draufgezogen,

und ein Schwanz kommt hintendran,
dass der Fisch auch schwimmen kann.

Noch die Schuppen und die Flossen –
und schon kommt er angeschossen!

Flamingos sind nicht gern allein.
Sie stehen meist auf einem Bein.

Am Schnabel ist ein Beutel dran,
darum ist es ein Pelikan.

Schick im Frack und elegant
kommt der Pinguin gerannt.

Nun ein strubbliges Gewuschel,
hintendran ein Federpuschel,

draus hervor ein langer Hals,
lange Beine ebenfalls,
mit denen er schnell rennen kann.

Mit einem Male weißt du dann:
Nur einer sieht so prachtvoll aus,
und das ist der Vogel Strauß.

Tiere gibt's nicht nur im Zoo,
Tiere sind auch anderswo.

Auf der Wiese mit Gebrumm
summen viele Bienen rum.

Hinten liegt ein Büschel Gras.
Doch nanu, was ist denn das?

Bleibt ja nicht am gleichen Fleck,
hat vier Beine und rennt weg.

Nun schaut noch die Nase raus –
sieht nach einem Igel aus!

Wo kommen dort die Wolken her,
zwei und drei und immer mehr?

An jeder sind vier Beine dran,
mit der die Wolke hupfen kann.

Wolken können nicht nur hupfen,
können auch gemächlich zupfen.

Plötzlich weiß es jedes Kind,
dass es lauter Schafe sind!

Viele andere Tiere

Dieses Tier ist kugelrund.

Hat vorne einen Rüssel und
zwei breite Ohren, und dann ganz
hintendran den Ringelschwanz.

Rate mal, was kann das sein?
Es ist ein dickes fettes Schwein.

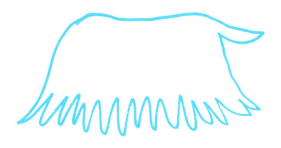

Dies ist erst mal eine Bürste.
Eine Bürste und vier Würste.

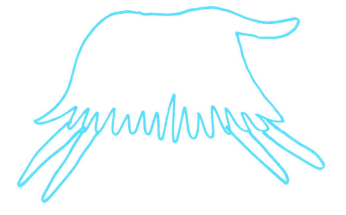

Welches Tier kann das wohl sein?
Was springt über Stock und Stein?

Was springt über Stein und Stock?
Klar, das ist der Ziegenbock!

Ene, mene, muh,
zeichne dir 'ne Kuh.

Zeichne erst den graden Rücken,
daran dann den Hals zum Bücken.

Ihren Schwanz häng hintendran,
dass sie Fliegen schlagen kann.

Auf die Ohren setze vorn
an jede Seite noch ein Horn.

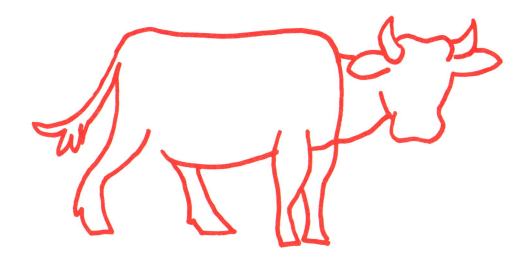

Und vier Beine hat sie auch.
Häng das Euter an den Bauch
(das Euter ist besonders wichtig),
mit vier Zitzen ist es richtig.

Ene, mene, muh,
schon steht da die Kuh!

Mach beim Pferd
nichts verkehrt.

Denk vor allem an die schöne
dichte, lange Pferdemähne
und den langen Pferdeschweif.

So ein Pferd steht selten steif
nur herum,
und darum

geht es ab.
Erst im Trab,

nun hopp, hopp,
im Galopp.

Ein umgekippter Blumenstrauß –
so ähnlich sieht dies Ding hier aus.

An allen Seiten hängt was dran –
mal sehen, was das werden kann!

Oben, unten, immer mehr –
das Raten fällt nun nicht mehr schwer:

Das stolze Tier, das ihr hier seht,
das ist der Hahn, der ganz laut kräht!

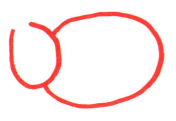

Kräht der Hahn ganz laut, dann rennen
schnell herbei die flinken Hennen.

Manche Henne legt ein Ei,
manche Henne legt auch zwei.

Manche Henne kommt sogar
mit der ganzen Kükenschar,
weil sie sich aufs Futter freuen.

Darum musst du Körner streuen!

Zeichne erst mal einen Huckel,
einen runden Katzenbuckel.

Zeichne Ohren, Kopf und Schwanz,
aber noch ist sie nicht ganz.

Die Katze braucht auf ihre Art
natürlich noch den Katzenbart.

Nun kann sie leise auf vier weichen
Pfoten um die Ecke schleichen.

Schleicht die Katze an, oh Schreck,
rennen alle Mäuse weg.

Mäuse sehen aus der Ferne
aus wie kleine Kürbiskerne.

Zeichne schnell das Mauseloch,
in dem sich die Maus verkroch.

Lustig hoppeln
über Stoppeln,

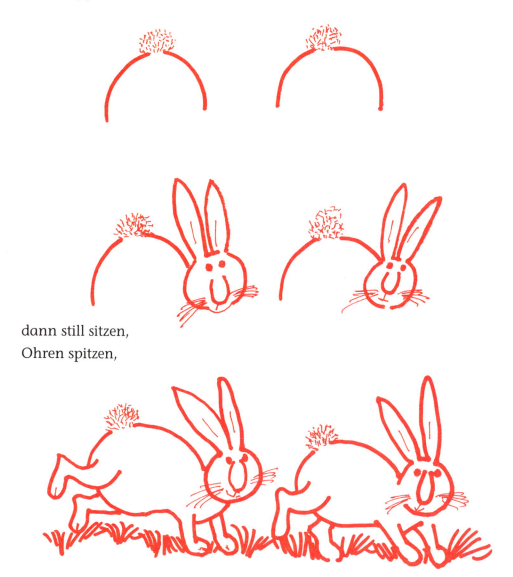

dann still sitzen,
Ohren spitzen,

um dann plötzlich loszurasen:
ja, so sind sie, diese Hasen!

Die Eule hat sich in der Nacht
heimlich auf den Weg gemacht.

Sie klappt die Augen auf und zu
und ruft dabei: „Schuh hu, schuh hu!"

Zeichne ihr vor allen Dingen
zum Fliegen ein Paar breite Schwingen.

Hunde gibt es allerorten
viele Arten, viele Sorten.

Es gibt große, es gibt kleine,
kurze, krumme, lange Beine,

Wuschelpelz und glattes Fell,
dunkel oder lieber hell.

Schwänze gibt's in allen Längen,
Ohren, die nach unten hängen,

Ohren, die nach oben stehn,
viele Schnauzen sind zu sehn.

So viel Hunde, nicht zu zählen.
Welchen willst du? Du kannst wählen!

Von Kindern und anderen Leuten

Leute zeichnen, das ist schwer?
Nicht für uns, drum bitte sehr,
es geht los! Wir zeichnen heute
lauter ganz verschiedne Leute.

Mit dem Kopf fang oben an,
und dann häng den Körper dran.

Links und rechts die langen Dinger,
das sind Arme, Hände, Finger.

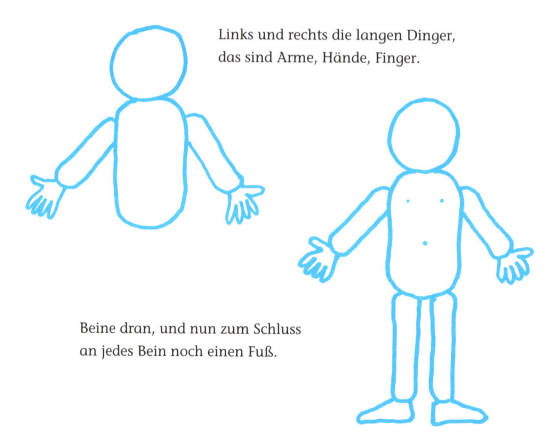

Beine dran, und nun zum Schluss
an jedes Bein noch einen Fuß.

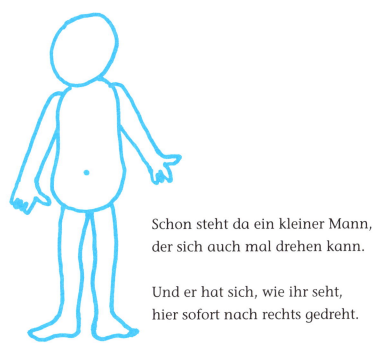

Schon steht da ein kleiner Mann,
der sich auch mal drehen kann.

Und er hat sich, wie ihr seht,
hier sofort nach rechts gedreht.

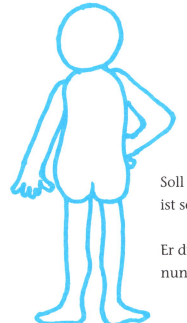

Soll er sich noch einmal drehen,
ist sein Hinterteil zu sehen.

Er dreht wieder, darum ging's
nun zuletzt auch noch nach links.

Links und rechts die Ohren und
Nase, Augen und den Mund.

Weil das noch nicht alles war,
oben auf den Kopf das Haar.

Manchmal auch nach Männerart
um das Kinn noch einen Bart.

Am Gesicht erkennt man gut,
wie ist einem wohl zu Mut.

Dieser hier ist aufgeregt.

Dieser hier hat überlegt.

Dieser hier sieht traurig aus.

Dieser macht sich nichts daraus.

Der hat einen Witz gemacht.

Jener hat sich schiefgelacht.

Leute bleiben nicht nur stehn,
darum zeichne, wie sie gehn.

Und nun zeichne, wie sie laufen
und dabei ein wenig schnaufen.

Schließlich wirst du zeichnen können,
wie die Leute ganz schnell rennen.

Weil sie nach dem Rennen schwitzen,
wollen nun die Leute sitzen.

Dazu knicken sie das Bein
oben an der Hüfte ein.

Und danach dann knicken sie
an dem Bein auch noch das Knie.

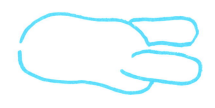

Man kann sich auch meinetwegen
einfach auf den Rücken legen.

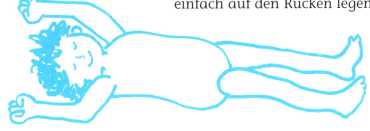

Oder lieber auf den Bauch?
Denn das geht natürlich auch.

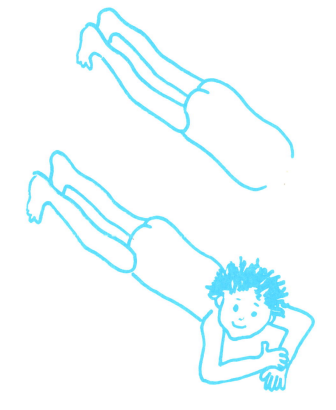

Einen Sport soll jeder treiben
und gesund und munter bleiben.

Mancher spielt auf jeden Fall
gerne mal mit einem Ball.

Andre springen jederzeit
einmal hoch und einmal weit.

Dieser hier kann ohne schnaufen
Berge hoch und runter laufen.

Wasser ist zwar etwas nass,
trotzdem macht das Schwimmen Spaß.

Wer nun sehr gut zeichnen kann,
zeichnet einen dicken Mann.

Vorne einen dicken Bauch.
Hintendran dann aber auch
einen dicken runden Po.

Obendrauf sitzt ebenso
nun der Kopf – und ebenfalls
dick und rund, ganz ohne Hals.

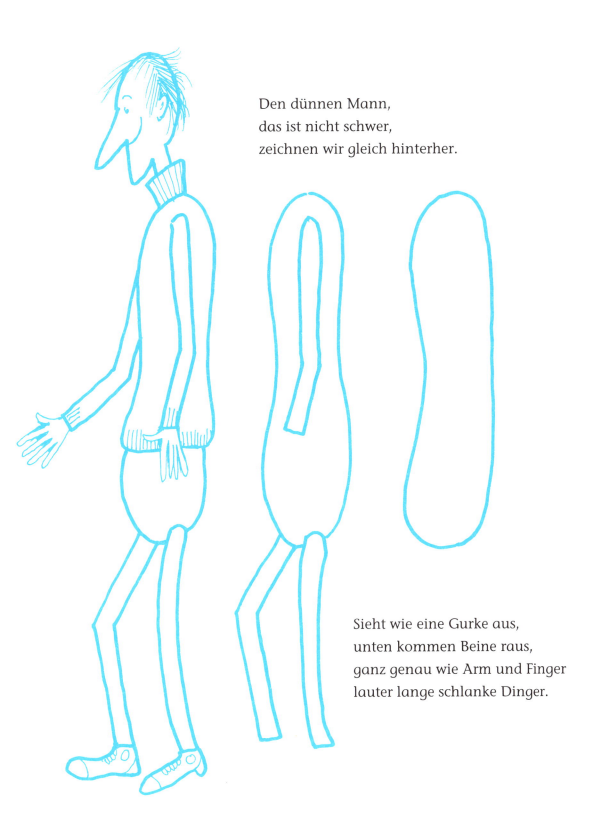

Den dünnen Mann,
das ist nicht schwer,
zeichnen wir gleich hinterher.

Sieht wie eine Gurke aus,
unten kommen Beine raus,
ganz genau wie Arm und Finger
lauter lange schlanke Dinger.

Alle Leute, Frau und Mann,
ziehen gern was Schickes an.

Mal gestreift und mal kariert,
mal geblümt und mal verziert.

Etwas andres jeden Tag,
grade so, wie man es mag.

Manches ist für sie und ihn
ganz genauso anzuziehn.

Nun genug der großen Leute,
jetzt kommt eine Kindermeute.

Ist ein Kind ganz winzig klein,
kann es weiter nichts als schrein.

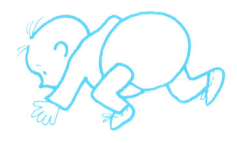

Es liegt da und strampelt bloß,
plötzlich krabbelt es dann los.

Es kann noch nicht stehn, darum
kippt es manchmal einfach um.

Dicke Beine, runder Bauch,
eine Nase gibt es auch.

Oben sind zwei Ohren dran,
dass der Teddy lauschen kann.

Denn das Kind sehnt sich so sehr,
jammert nach dem Teddybär.

Kinder gibt es große, kleine.
Zeichne erst mal ihre Beine.

  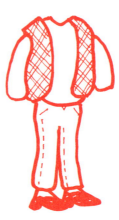 

Zeichne nun den Körper dran.
Jedes hat was andres an:

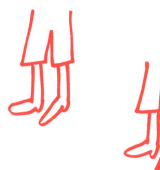

Hosen, Anoraks und Westen.
Aber das weißt du am besten.

Die Gesichter musst du machen,
dass die Kinder alle lachen.

Allerschönster Kindertraum
ist und bleibt der Weihnachtsbaum.

Steht er da, so reich geschmückt,
hat er jedes Herz beglückt.

Weil er richtig glänzen soll,
hänge ihn bis oben voll.

Bist du fertig? Nun, dann denke
aber auch an die Geschenke!

Geister und Gespenster

Wagst du dich als Zeichenmeister
an Gespenster und an Geister,
Monster, Spuk und andre Wesen,
Hexen auf dem Zauberbesen,
Tatzelwürmer, Feuerdrachen,
kannst du tolle Bilder machen!

Aber wie sieht nun der Graus,
sehen die Gespenster aus?

Leider kannst du das nicht wissen,
drum wirst du sie suchen müssen.

Such sie hinterm Zauberwald,
denn dort findest du sie bald.

Mancher findet sich nur schlecht
in dem Zauberwald zurecht.

Hier fließt nämlich auch ein Fluss.
Wenn nun jemand rüber muss
und vielleicht nicht schwimmen kann,
sag einmal, was macht er dann?

Zum andern Ufer fährt zur Not
ihn ein kleines Ruderboot.

Aber noch viel besser wäre
jetzt natürlich eine Fähre.

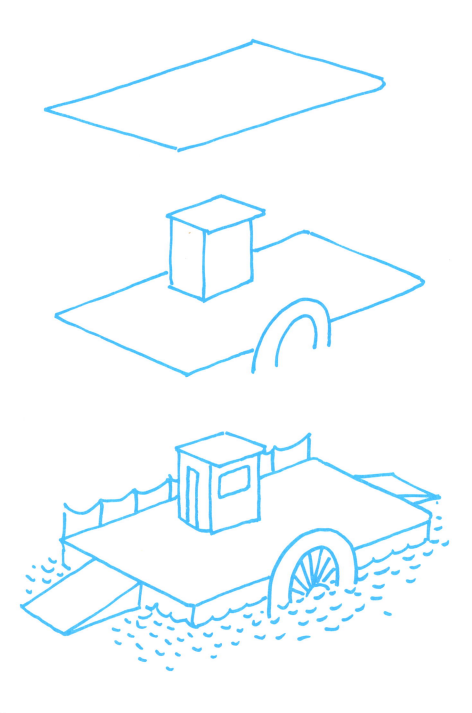

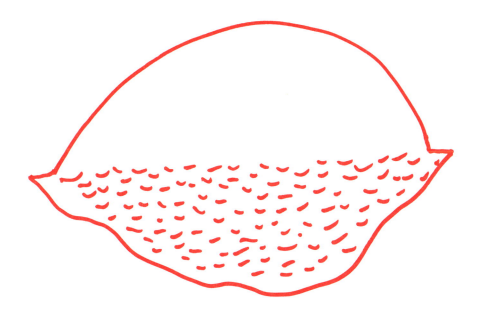

Du hast einfach einen Bogen
über diesen Fluss gezogen.

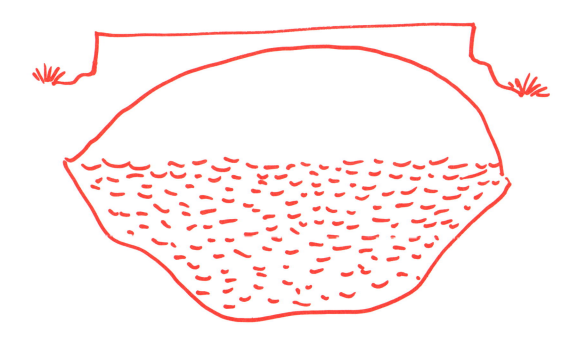

Und schon kannst du zu dem andern
Ufer auf der Brücke wandern.

Plötzlich aber bist du gleich
mittendrin im Zauberreich.

Auf dem Berg
hockt ein Zwerg.

Auf der Wiese
liegt ein Riese.

Und dort kommen kleine Nixen,
die artig auf den Schwänzen knicksen.

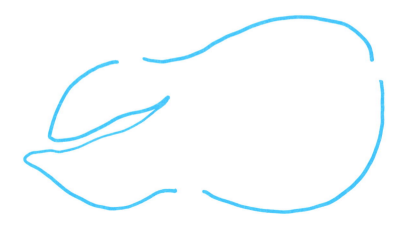

Ein dicker Frosch hüpft hinterher,
erschreckt die kleinen Nixen sehr.

Dies ist ein fetter Wassermann,
der hoch im Bogen spucken kann.

Es reitet auf dem Reisigbesen
ein bitterböses Hexenwesen.

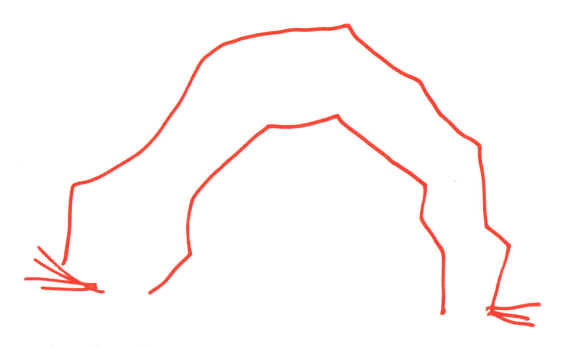

Es haust der Räuber mit Gegröle
in seiner finstren Räuberhöhle.

Dieses hier ist ein Pirat,
der ein Boot gekapert hat.

Doch nun brauchst du allen Mut,
denn dies ist die Drachenbrut.

Manchmal quellen solchen Drachen
große Flammen aus dem Rachen.

Andre Drachen haben Mucken,
können Gift und Galle spucken.

Doch dem Drachen wird, hab acht,
nun schnell der Garaus gemacht,

denn es naht der Rittersmann,
der mit Drachen kämpfen kann.

Nach dem Sieg kriegt er zum Schluss
von der Prinzessin einen Kuss.

Er verliebt sich gleich in sie,
etwas Schönres gab es nie!

Darum macht er sie ganz schlau
schnell zu seiner Ritterfrau.

Spitzer Hut, langer Rock
und dazu der Zauberstock:

SimLaBim, der Zaubermeister,
ist der Herr der guten Geister.

Jederzeit an jedem Ort
zaubert er was her, was fort,
sodass jeder gut gelaunt
über seine Künste staunt.

Bist du mal um Mitternacht
unbehaglich aufgewacht,
kamen durch dein offnes Fenster
lauter freche Nachtgespenster.

Dieser arme alte Tropf
hat zum Beispiel keinen Kopf.

Wo ist denn sein Kopf geblieben?
Muss damit jetzt Kegel schieben!

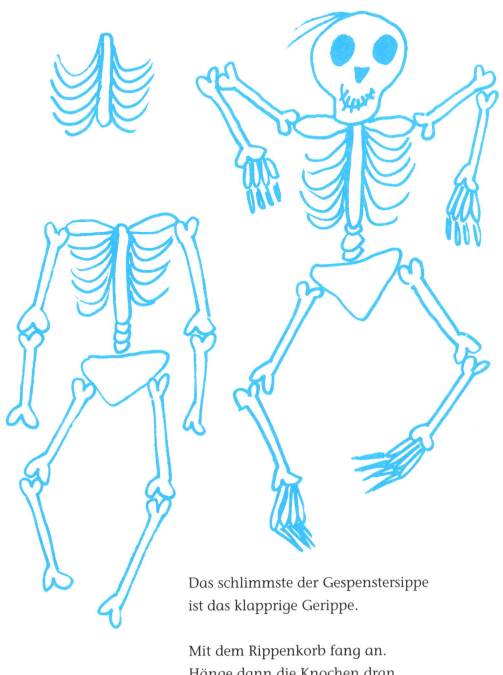

Das schlimmste der Gespenstersippe
ist das klapprige Gerippe.

Mit dem Rippenkorb fang an.
Hänge dann die Knochen dran.
Oben setz den Schädel drauf.

Hast du Angst? Hör lieber auf!

Hier naht nun die weiße Frau.
Niemand kennt sie ganz genau.

Sie schleicht heimlich durch das Haus,
und sie sieht ganz graulich aus.

Sprich sie nicht an,
es hat keinen Zweck.
Sie löst sich auf
und ist einfach weg.

Dieser Kerl ist ohne Zweifel
höchstpersönlich hier der Teufel.

Auf der Stirne hat er vorn
rechts und links ein spitzes Horn.

Hintendran der Schwanz muss sein
und dann noch das Hinkebein.

Hast du etwa Angst bekommen?
Dann ganz schnell dies Buch genommen,
schnell das Fenster aufgerissen
und die Geister rausgeschmissen.

Sie entschwinden in der Nacht,
wo der Mond am Himmel lacht.
Dort beginnen sich die bösen
Geister einfach aufzulösen.

Jeder von uns hat zumeist
seinen eignen guten Geist,
der ihn hütet und beschützt
und auch sonst zu vielem nützt.

Wie er aussieht? Weiß ich nicht,
niemand kriegt ihn zu Gesicht.